행복한 교실을 위한
5가지 사랑의 언어

워크북

THE FIVE LOVE LANGUAGES workbook for the happy classroom
by Paul&Mark

this book is based upon the Korean edition of THE FIVE LOVE LANGUAGES,
which was first published in the united states by Northfield Publishing,
820 N. LaSalle Blvd., Chicago, 60610, with the title of the five love languages
copyright ⓒ 1992, 1995, 2004, 2010 by Gary D. Chapman.
All right reserved.

printed in korea.

행복한 교실을 위한
5가지 사랑의 언어 ㅣ 워크북
ⓒ생명의말씀사 2020

2020년 7월 20일 1판 1쇄 발행

펴낸이 ㅣ 김재권
펴낸곳 ㅣ 생명의말씀사

등록 ㅣ 1962. 1. 10. No.300-1962-1
주소 ㅣ 서울시 종로구 경희궁1길 5-9(03176)
전화 ㅣ 02)738-6555(본사) · 02)3159-7979(영업)
팩스 ㅣ 02)739-3824(본사) · 080-022-8585(영업)

지은이 ㅣ 게리 채프먼 원작, 우명훈 지음

기획편집 ㅣ 유선영, 김귀옥
디자인 ㅣ 김혜선
인쇄 ㅣ 예원프린팅
제본 ㅣ 정문바인텍

ISBN 978-89-04-16721-0 (03230)

저작권자의 허락없이 이 책의 일부 또는 전체를
무단 복제, 전재, 발췌하면 저작권법에 의해 처벌을 받습니다.

THE FIVE LOVE
LANGUAGES

행복한 교실을 위한
5가지 사랑의 언어

워크북

CONTENTS

시작하면서 · 6

1 행복을 위한 5가지 사랑의 언어 · 9
제대로 사랑을 배우고 표현해야 한다 · 12
왜 사람마다 사랑을 느끼는 것이 다른가? · 16
5가지 사랑의 언어를 배우기 전에 · 19

2 사랑의 언어 # 1
인정하는 말 · 22

인정하는 말 REAL Model
인정하는 말과 반대말 (인정하는 말 vs 폭언과 욕설)
인정하는 말을 경험할 수 있는 활동

3 사랑의 언어 # 2
함께하는 시간 · 36

함께하는 시간 4C Model
함께하는 시간과 반대말(함께하는 시간 vs 따돌림)
함께하는 시간을 경험할 수 있는 활동

4 사랑의 언어 # 3
선물 · 48

좋은 선물을 위한 4 단계 4P 전략
선물과 반대말(선물 vs 뇌물)
선물을 경험할 수 있는 활동

5 사랑의 언어 # 4
봉사 · 62

좋은 봉사를 위한 GIVE Model
봉사의 반대말(봉사 vs 괴롭힘)
봉사를 경험할 수 있는 활동

6 사랑의 언어 # 5
스킨십 · 76

올바른 스킨십을 위한 5가지 원칙 : TANGO
스킨십과 반대말(스킨십 vs 부적절한 스킨십)
스킨십을 경험할 수 있는 활동

마치면서 · 88

시작하면서

행복하세요?

우리나라 「헌법」 제10조는 "모든 국민은 인간으로서의 존엄과 가치를 가지며, 행복을 추구할 권리를 가진다"라고 규정하고 있습니다.

선생님들은 지금 그 권리를 가지고 있으며 그 권리를 누리고 있나요?

우리 교실은 어떨까요? 우리 교실은 행복한가요?

이미 우리는 행복한 교실을 위해 정말 많은 노력을 하고 있다는 것을 알고 있습니다. 그래서 아마도 어떤 교실은 행복이 넘치고 학교에 가는 것이 행복할 것입니다. 그러나 다른 교실에서는 아직도 행복을 느끼지 못하고 절망을 느끼고 있을 수 있습니다. 행복해야 할 교실이 절망의 교실로 변해버리고, 더 큰 문제는 어떠한 기대감도 없는 교실이 돼버렸을 수도 있다는 것입니다.

하지만 한 가지 확신하는 것은 이미 행복하든 절망을 느끼든, 현재 상황과 관계없이 모든 선생님은 행복한 교실을 꿈꾸고 있다는 것입니다. 건강한 관계 맺기가 이루어지고 진정한 자기다움을 표현하며, 마음껏 꿈을 펼칠 수 있는 행복한 교실을 꿈꿉니다.

비록, 몰라서 또는 용기가 없어서 실천하지 못했던 모습들이 그동안 있었을 수 있습니다. 지금 이 순간에도 기대감 없이 그저 해야 하는 수업으로 받아들일 수 있습니다. 그래도 괜찮습니다. 확신하는 것은 현재 어떤 모습이든 이 프로그램에 참여하고 함께하는 순간, 인생 최고의 시간을 경험할 수 있을 것이란 점입니다. 행복한 교실을 만드는 행복한 길, 지금 함께 걸어가 봅시다!

활동 Reflection

1. 지금 우리 교실의 모습을 한 번 그려볼까요? 우리 교실을 생각하면 떠오르는 이미지나 느낌을 그림이나 글로 표현해 주세요.

2. 왜 행복한 교실을 꿈꾸시나요?
   행복한 교실이 나에게 어떤 의미가 있을까요?

1

THE FIVE LOVE
LANGUAGES

──────────

『5가지 사랑의 언어』
Part 1. 결혼 후 사랑이 사라진다?를
먼저 읽으십시오.

행복한 교실을 위한
5가지 사랑의 언어

　행복한 교실이 되는 데 필요한 요소들은 많지만 그 중 가장 필요한 것은 사랑이라고 생각합니다. 사랑은 모든 심리적이고 현상적인 갈등들의 문제이자 해결책입니다. 제대로 하는 사랑은 사람을 살리지만 잘못된 사랑은 사람을 죽일 수도 있습니다. 단순히 남녀 간의 사랑만을 이야기하는 것이 아닙니다. 부모와 자녀의 관계, 친구간의 관계, 스승과 제자와의 관계 등 수많은 인간관계에서 어떻게 사랑을 주고받으며 함께 행복할 수 있을지에 대한 해답을 찾아야 합니다.

　전 세계 2,000만 부 이상이 팔린 세계적인 베스트셀러『5가지 사랑의 언어』의 저자 게리 채프먼은 8년간 초등학교 상담교사로 재직하며 학생용 5가지 사랑의 언어 프로그램을 360회 이상 진행한 디엠 프리드(DM FREED, M.Ed.)와 함께 '행복한 학교, 사랑을 실천하는 학생'을 만들기 위해 [행복한 교실을 만드는 5가지 사랑의 언어] 프로그램을 개발했습니다.

　한국에서는 교육 기업 폴앤마크가 TV프로그램 〈세상을 바꾸는 시간 15분〉과 함께, 5가지 사랑의 언어를 제대로 교육하기 위해 2017년부터 콘텐츠 개발과 강사 인증과정을 시작했습니다. 현재는 150여명의 5가지 사랑의 언어 인증강사가 활동하고 있으며 부부, 기업을 위한 콘텐츠가 한국화 하여 운영되고 있습니다. 특별히 '행복한 교실을 위한 5가지 사랑의 언어' 교원연수 콘텐츠는 2015년 책이 출판되기 이전부터 제대로 된 학교 현장을 위해 연구되었고 5년이 지난 지금 드디어 완성되었습니다. 이제부터 학교 현장에서 학생들의 변화와 성장, 행복을 위해 사랑에 대한 이야기를 나누려고 합니다.

 **Reflection**

1. 과거 행복한 교실을 경험했던 적이 있다면 어떤 모습이었는지 적어보세요.

2. 당시 교실의 분위기가 행복하다는 것을 어떻게 알 수 있었나요?
   (예: 학생들의 표정이 밝았다. 자는 아이들이 없었다)

3. 지금 내가 경험하고 있는 교실은 충분히 행복한 교실인가요?

제대로 사랑을 배우고 표현해야 한다

언젠가는 내 마음을 알아주겠지?
시간이 지나가면 괜찮아지겠지…
그렇게 참다 보니…
결국 내 마음만 아프고, 이제 사랑은 없는 것인가…

TV드라마에 나오는 이야기이다.

주인공인 남학생은 부끄럼이 많다. 그는 이 반에서 가장 용기 있고 아름다운 여학생을 사랑한다. 그런데 고백할 용기가 없다. '내 주제에 무슨…' 이란 생각만 할 뿐이다. 여학생도 남학생을 신경 쓰고 둘은 서로를 챙긴다. 그럼에도 남학생은 절대 고백하지 않는다. 그러는 사이 이들을 방해하는 일진이 등장해 그 여학생에게 먼저 고백해버린다. 얼마 후 여학생이 불량 학생에게 상처를 받게 되고 주인공 남학생이 그 여학생을 위로해주면서 둘은 가까워진다. 남학생은 여전히 고백하지 못한 채 애매한 관계가 계속되고 졸업할 때에야 비로소 진심을 고백한다. 좋아했었다고. 처음부터 그랬다고…. 여학생은 그 이야기를 왜 이제야 하냐며 나무란다. 그리고 그를 떠나버린다.

드라마에서는 몇 년 뒤, 이 둘이 다시 만나 사랑을 하지만 현실은 그렇지 않은 경우가 많다. 끊임없이 "내 마음을 알아줘"라고 이야기하지만 사실 말하지 않으면 진심을 알 수 없다. 내가 너를 사랑한다고 아무리 마음으로 외쳐도 그게 표현되지 않으면 사랑은 제대로 전달될 수 없다. "사랑의 시작은 고백으로부터…"라는 노래도 있듯이 사랑은 표현하지 않으면 전달될 수 없는 것이다. 우리는 사랑을 표현하는 법부터 먼저 배워야 한다. '다 알겠지', '시간이 지나면 괜찮아지겠지'라고 생각할지 모르지만 그런 일은 없다. 그러다 사랑만 놓친다.

남녀의 사랑에서만 이런 일이 있는 게 아니다. 소중한 사람이 떠난 후에야 비로소 잘해주지 못한 것을 후회하는 경우가 우리 주변에 얼마나 많은가? 어린 시절 부모님께 사랑한다고 말했지만, 친구들에게 우리의 우정은 영원할 거라 말했지만, 어느 순간 우리들의 관계는 너무 어색해져버렸다.

사랑을 표현하려고 하면 손발이 오그라든다. 쿨하지 못한 것 같고, 뭔가 지는 것 같아 마음이 불편하다. 분명 나에게 소중한 사람인데, 사랑한다고 표현하면 왠지 오버하는 것 같아서 외면하다 결국 큰 후회를 하고 만다. 이제 소 잃고 외양간 고치는 그런 삶을 멈춰야 한다. '그때 이야기할 걸…', '그때 좀 더 표현할 걸…' 후회하지 말고 사랑을 표현하는 연습을 해야 한다. 늦었다고 생각이 들면 그때는 진짜 늦는다. 지금 시작하자!

그러나 표현한다고 다 좋은 것은 아니다. 팬들의 경우, 좋아하는 연예인에게 늘 사랑을 표현한다. 그들 중엔 정말 존경할 만한 좋은 팬들도 많다. BTS의 팬클럽인 '아미'들은 한국의 역사가 왜곡된 경우 그에 대한 반박 자료를 만들고 각국의 언어로 번역하여 올바른 역사를 세상에 알리는 일을 하고 있다. 연예인을 향한 사랑이 위대하고 건설적이며 건강하게 표현된 것이다. 반면 그렇지 못한, 즉 사랑하는 마음을 잘못된 방식으로 표현하는 팬들도 있다. 연예인들의 사생활을 침해하고, 자신만의 연예인으로 소유하기 위해 범죄도 서슴지 않는다. 이런 잘못된 사랑의 표현은 오히려 그들이 사랑하는 연예인을 더 힘들게 하고 슬픈 결과를 초래한다.

잘못된 사랑의 표현은 우리의 일상에서도 많이 발견된다. 과거 부모들은 자식들을 매로 다스렸다. 소위 사랑의 매다. 지금도 폭력의 방식으로 사랑을 표현하는 부모들을 자주 볼 수 있다. 어떤 부모는 모든 것을 다 돈으로 해결하며 사랑을 표현하기도 한다. 어떤 부모는 너무 사랑하기 때문에 숙제도 대신 해주고, 미래의 꿈도 대신 결정해준다. 심지어 자녀가 성인이 되었는데도 모든 일을 대신하려 한다. 가능하다면 시험도 대신 봐줄 기세다. 정말 확실한 것은 이런 부모들은 완벽하게 자녀들을 사랑한다는 점이다. 정말 그들은 자기보다 아이들을 더 아끼며 사랑한다. 그런데 아이러니하게도 이런 사랑을 좋아하는 아이들은 별로 없다. 부모들이 들으면 억울하겠지만 어떤 아이들은 "나는 한 번도 사랑을 받아본 적이 없다"고까지 이야기한다. 도대체 무엇이 문제일까?

비유하자면, 자신은 한다고 했는데 정말 열심히 공부한다고 했는데 막상 시험지를 받자마자 눈앞이 깜깜해진 격이다. 쉽게 말해 멘붕이 왔다. 알고 보니 잘못된 정보로 시험과 상관없는 부분을 공부한 것이다. 결국 시험은 망했다. 나는 사랑한다고 최선을 다했는데 당사자에게 그것이 제대로 전달되지 않은 것이다. 친구를 너무나 사랑했던 어린이집의 한 아이는 유제품 알러지가 있는 아이에게 사랑의 표현으로 우유를 주었다. 다행히 근처의 선생님이 재빠르게 제지했기에 그 아이는 끔찍한 상황에서 벗어날 수 있었다. 이 경우처럼 나는 사랑이었는데 상대방에게는 사랑이 아닐 수 있고, 내 의도와 다르게 끔찍한 결과를 만들 수도 있다. 그래서 사랑은 배워야 하는 것이다. 배운 사람은 뭐가 달라도 다르다.

우리는 사랑을 표현하되 제대로 배워서 표현해야 한다. 성인이 된다고 해서 저절로 배워지거나 알게 되지 않는다. 이제는 사랑으로 고통받지 않기 위해 제대로 배우고 실천하는 우리가 되어야 한다.

 **Reflection**

1. 나는 사랑을 얼마나 자주 또는 잘 표현하나요? 10점 만점 중 몇 점인지 체크해보세요.

   1 2 3 4 5 6 7 8 9 10

2. 사랑 표현을 편하게 할 수 있는 사람과 그렇지 않은 사람은 누구인가요?
   왜 그런가요?

   _____
   _____
   _____

3. 나는 사랑을 표현한다고 했는데, 그것이 제대로 전달되지 못했던 경험이 있나요?
   왜 그런 일이 일어났다고 생각하나요?

   _____
   _____
   _____

왜 사람마다 사랑을
느끼는 것이 다른가?

옆자리의 친구를 한번 바라보자. 형제가 있다면 떠올려보자. 심지어 부모님도 한 번 떠올려보자. 그들은 생김새도, 좋아하는 것도, 취향도 나와 다르다. 물론 비슷한 점도 있지만 나와 다른 점도 많다. 작게는 탕수육을 먹을 때 '찍먹이냐 부먹이냐'부터 크게는 가치관까지 많은 것들이 다르다.

자존감이라는 개념을 세상에 널리 알린 나다니엘 브랜든의 말처럼 세상에 나와 똑같은 사람은 한 명도 없다. 외모뿐 아니라 정서적 상태도, 마음에서 사랑을 느끼는 것도 다 다르게 태어났다. 비록 그렇게 외면과 내면의 생김새는 다를지라도 사람은 누구나 사랑 탱크를 가지고 있다. 물 탱크나 기름 탱크처럼 일종의 저장고를 가지고 있는 것이다. 영양소가 공급되어야 사람이 건강하게 살아갈 수 있듯이 사랑 탱크에 사랑이 채워져야 정서적 건강을 유지하고 살아갈 수 있다.

사랑 탱크는 어린 시절 부모로부터 제대로 사랑을 받아야만 채워질 수 있고, 어른이 된 후로도 건강한 삶을 살아갈 수 있다. 사랑받지 못해 사랑 탱크를 제대로 채우지 못하면 존 볼비의 애착관계 이론에서 이야기했듯 어린 시절 불안정 애착을 이룬 것들로 인한 저항, 회피, 혼란 등의 어려움을 겪게 된다.

사람마다 타고난 사고 및 정서 구조, 어린 시절 사랑 탱크의 상태에 따라 사랑을 느끼는 방식이 완전하게 달라진다. 그리고 그것은 청소년기를 거쳐 성인이 되어서까지 아니 평생 삶의 행동에 영향을 미친다. 다시 한 번 내 주변 사람들을 생각해 보자. 그들은 언제 사랑받는다고 느낄까? 그 전에 나를 돌아보자. 나는 언제 사랑받는다고 느끼는가? 내가 사랑이라고 느꼈던 것과 그렇지 않다고 느꼈던 것은 무엇이 있을까?

활동 Reflection

1. 나는 언제 사랑받는다고 느끼나요?

2. 상대방은 잘해준다고 했는데 나는 그렇게 느끼지 못했던 경험이 있나요?
   그때 나는 어떤 마음이 들었나요?

3. 학생들에게 사랑의 마음으로 표현한 것들이 받아들여지지 않았던 때가 있었나요?
   그 이유가 무엇이라고 생각하나요?

4. 우리 학생들은 언제 사랑받는다고 느낄까요?

5가지 사랑의 언어를
배우기 전에

　세상에는 많은 나라들이 있고 그 나라들은 각기 문화와 언어가 다르다. 미국은 영어를 사용하고 일본은 일본어를 사용하며 중국은 중국어를 사용한다.

　얼마 전 중국에 출장을 갔다가 아주 재미있는 광경을 목격했다. 맛집으로 알려진 이 식당은 닭고기가 유명했는데 직접 가보니 그 명성답게 중국 현지인들이 많았다. 나는 우연히 한국에서 온 다른 일행들이 이곳에서 음식 주문하는 것을 보게 되었는데 점원은 한국어도 영어도 다 사용할 줄 몰랐고, 그 한국인들 역시 중국어를 몰랐다. 나도 중국어를 잘 몰랐기에 그저 가만히 지켜볼 뿐이었다. 그들은 우여곡절 끝에 주문을 마쳤는데 얼마 후 음식이 나오고 당황해하는 표정들이 역력했다.
　알고 보니 그 한국인들이 언어를 몰라서 가격이 가장 비싼 메뉴를 선택하여 주문했는데 마오딴이란 음식이었다. 마오딴은 부화되지 않은 병아리 요리로 껍질을 까면 병아리의 형태를 확인할 수 있는, 외국인들은 쉽게 먹을 수 없는 요리였다. 맛있는 닭고기 요리를 원했던 그들은 생각지도 못한 음식의 등장에 먹지도 못하고 화를 내며 가게를 나갔다. 언어가 통하지 않았기에 벌어진 안타까운 일이다. 사랑의 표현도 이런 언어들과 다르지 않다. 사람마다 사랑을 느끼는 방식, 즉 언어가 다르기 때문에 사랑이 전달되지 않는 경우가 있다.

그렇다면 우리는 세상 모든 사람들이 사용하는 사랑의 언어를 다 배워야 하는가? 사실상 그것은 불가능해 보인다. 그 수많은 언어를 어떻게 다 따로 기억하겠는가? 그런데 참 다행히도 사람이 사랑을 느끼는 언어는 딱 5개밖에 없다고 한다. 「5가지 사랑의 언어」의 저자 게리 채프먼 박사는 '단언컨대, 5가지밖에 없다'고 이야기했다. 상식적이고 일반적인 사랑이라면 이 5가지 안에 모두 들어갈 수 있다는 것이다. 이 5가지 사랑의 언어를 알게 된다면 우리도 사랑이 제대로 소통되는 행복한 삶을 만들어갈 수 있다. 제대로 된 언어로 맛있는 닭요리를 제대로 주문하고 싶다면 이제 5가지 사랑의 언어가 무엇인지 배워보도록 하자.

우리가 배울 5가지 사랑의 언어는 '인정하는 말', '함께하는 시간', '선물', '봉사', '스킨십'이다. 다시 말하지만 이 5가지 안에 사랑이 완벽하게 다 들어있다.

여러분은 이 5가지 사랑의 언어를 보면서 어떤 느낌이 드는가? 이 중 나에게 사랑이라고 느껴지는 언어들이 있는가? 반대로 '이것도 사랑인가?'라고 느껴지는 언어가 있는가? 사람마다 사랑을 느끼는 언어가 다르기 때문에 그런 생각이 들 수 있다. 다만, 주요 언어라고 해서 그 언어만 사용하는 것은 아니다. 말 그대로 주요 언어다. 즉 모든 5가지의 언어가 사람마다 다 다르게 중요할 수 있다는 것이지 하나만 사용한다는 것이 아니다. 그리고 살아가면서 환경의 변화와 같은 다양한 내·외부적 요인에 의하여 주 언어가 바뀔 수도 있다.

사랑하는 사람에게 제대로 사랑을 표현하려면 이 5가지 언어를 다 알고 배워야 한다. 인정하는 말, 함께하는 시간, 선물, 봉사, 스킨십이라는 이 5가지 사랑의 언어에 대하여 제대로 배우고 내가 보는 나에 대하여, 남들이 보는 나에 대하여, 내가 보는 남에 대하여 함께 생각해보고 제대로 사랑을 실천할 수 있는 시간을 만들어보자.

 Reflection

1. 5가지 사랑의 언어를 배움으로써 나의 어떤 부분이 성장하기 원하나요?

2. 5가지 사랑의 언어를 통해 우리 교실이 어떻게 달라지기 원하나요?

3. 우리 학생들은 내가 어떻게 성장하기를 바랄까요?

2

THE FIVE LOVE
LANGUAGES

──────────

『5가지 사랑의 언어』
Chapter 4 사랑의 언어 #1_ 인정하는 말을
먼저 읽으십시오.

사랑의 언어 # 1

인정하는 말

'당신은 사랑받기 위해 태어난 사람'이라는 노래를 모르는 사람은 거의 없을 것이다. 그 노래에는 이런 가사가 나온다.

당신이 이 세상에 존재함으로 인해 우리에게 얼마나 큰 기쁨이 되는지…

이 가사에는 '인정하는 말' 정의의 첫 번째, 인격 즉 존재 자체에 대한 인정이 가장 잘 표현되어 있다. '네가 있어서', '내 친구라서', '우리 엄마여서', '아빠여서', '선생님이어서'처럼 존재에 대한 인정이 사랑의 언어 첫 번째 '인정하는 말'에서는 필요하다.

우리는 얼마나 서로를 인정하며 살아가고 있는가? 첫 번째 사랑의 언어를 배움으로써 그의 인격을 그 존재로서 어떻게 받아들이고 표현하고 있는지 돌아보았으면 좋겠다.

'인정하는 말'의 또다른 정의는 능력에 대한 인정이다. 그런 사람들이 있다. 아무리 힘들고 어려운 일이라도 해볼 수 있을 것 같고 지속적으로 도전할 수 있도록 만들어주는 그런 사람들 말이다. 이들과 함께 있으면 동기부여가 되고 힘이 난다. 반대의 사람들도 있다. 그들이 나에게 한 마디씩 기운 빠지는 말들을 던질 때면 급격히 무기력해진다. 평소에 쉽게 처리하던 일도 하기 싫어지며 인정받지 못하는 느낌을 받는다.

누군가 나의 능력을 인정해주면 기분이 좋아진다. 반대로 내가 무언가를 열심히 했는데 인정해주지 않으면 힘이 빠진다. 인정하는 말은 상대방의 능력에 대하여 있는 그대로 인정해주고 격려해주고 칭찬하는 것이다. 인정은 또한 가능성에 대한 인정이다. 단순히 '무언가를 하고 있다'를 넘어서 가능성까지도 함께 인정해주는 것이다. 그것은 엄청난 격려와 응원이 될 수 있다. 격려하고 응원하는 말들은 더 성장할 수 있도록 돕는 동기부여가 된다. 누군가 나의 능력에 대하여 인정해준다면 우리는 긍정적으로 움직일 수 있게 된다.

인정하는 말의 세 번째 정의는 말이라는 도구를 활용해서 부드럽게 이야기하는 것이다. 장난치듯 웃으며 '잠깐만~!'이라고 표현하는 것과 정색하며 '잠깐만!'이라고 표현하는 것은 같은 말이라도 주는 의미가 완전히 다를 수 있다. 너무나 유명한 '메리비안의 법칙'에 따르면 언어적 의미는 톤이나 제스처, 말의 길이 등과 같은 비언어적인 메시지에 영향을 받는다. 부드러운 말투로 표현해야 인정하는 말 즉, 인격과 능력에 대한 말이 제대로 전달될 수 있다.

활동 Reflection

1. 나의 경험을 돌아봤을 때 인정하는 말은 교실에서 왜 필요할까요?
   내가 생각하는 이유를 적어주세요.

2. 나는 학생들에게 얼마나 인정하는 말을 실천하나요?

   1　2　3　4　5　6　7　8　9　10

   왜 이 점수를 주셨나요? 이 점수를 선택하면서 느낀 점은 무엇이 있나요?

인정하는 말 REAL Model

체크 포인트

인정하는 말이란
존재 자체에 대한 인정과 능력 및 보이지 않는 가능성까지 인정해주는 것

인정하는 말의 정의와 내용을 배웠다면 이제 구체적으로 그것을 어떻게 실천할 것인가를 알아봐야 한다. 말 한 마디로 천 냥 빚을 갚는다는 이야기가 있다. 진정성 있는 말 한마디가 천 냥이라는 큰 돈의 가치가 있다는 의미다. 그만큼 어떤 말을 사용하는지가 중요하다. 인정하는 말의 구체적 실천 내용은 Real을 기억하면 쉬워진다. Real은 인정하는 말의 총 4가지 실천법의 앞 글자를 모아놓은 것으로 진정성 있으며 실제로 사랑을 제대로 전달할 수 있다는 의미도 가지고 있다.

Reaction : 반응

인정하는 말의 첫 번째 실천 방법은 Reaction이다. 리액션은 참으로 중요하다. 관객이 없는 공연장은 썰렁하고 배우들도 에너지가 생기지 않는다. 인정도 마찬가지이다. 인격이든 행동이든 먼저 긍정적으로 반응해주어야 한다. "말하지 않아도 알아요…그저 바라보며~"와 같은 CM송으로는 인정하는 말이 중요한 사람에게 사랑을 전달할 수 없다. 말해야 한다. 반응해야 한다. Reaction이 1단계이다.

Empathy : 공감

두 번째는 Empathy이다. 즉 공감할 수 있는 내용이라야 한다. 말이라고 다 같은

말이 아니다. 진짜 상대방이 느낄 수 있는 말을 해주어야 한다. 그냥 '다 잘했다' 혹은 '너는 천재야' 등의 표현은 공감이 아닌 오히려 부담이나 무시하는 느낌을 줄 수 있다. 감동(touching)을 주기 위해서는 상대방이 충분히 공감할 수 있는 구체적인 언어로 인정하는 말을 해야 한다.

Authentic : 진정성

세 번째는 Authentic, 즉 진정성이다. 진정성은 모든 인정하는 말의 기본이다. 이것은 말투를 통해서도 영향을 받는다. 어떤 상황에서 어떤 말투로 이야기하는지를 잘 생각해보라. 인정하는 말이 제대로 인정하는 말로 다가가기 위해서는 진정성 있는 내용과 전달 방법, 그리고 진심어린 태도가 중요하다.

in Love : 사랑의 마음

마지막은 in Love, 즉 사랑 안에서 이야기하는 것이다. 가끔 칭찬이나 인정하는 말, 사랑의 표현을 진짜 사랑의 목적이 아닌 조종이나 입막음 등으로 이용하는 경우가 있다. 사랑의 마음과 의도가 아닌 모든 표현은 처음 보기에는 그럴 듯하지만 사람을 성장시킬 수 없다. 사랑이 아니기 때문에 사람을 파괴할 수도 있다.

체크 포인트

〈인정하는 말의 구체적 실천법〉

Reaction – 상대방에게 긍정적으로 반응하며 표현하라.
Empathy – 상대방이 공감할 수 있는 구체적인 내용으로 표현하라.
Authentic – 진정성 있는 내용, 말투 그리고 태도로 표현하라.
in Love – 사랑 안에서 인정하는 말을 하라.

활동 Reflection

1. 살면서 들었던 말들 중에 가장 좋았던 말은 무엇인가요?
   그리고 그 이유는 무엇인가요?

   _____

   _____

   _____

2. 내가 학생들에게 했던 말 중 가장 잘했다고 느끼는 인정하는 말은 무엇인가요?
   어떤 상황에서 전달되었고 그 학생은 어떻게 반응했나요?

   _____

   _____

   _____

인정하는 말과 반대말 (인정하는 말 VS 폭언과 욕설)

　사랑하는 사람을 위해서 사랑의 표현을 많이 하는 것도 중요하지만 더 중요한 것이 있다. 그것은 바로 그 사람이 싫어하는 것을 하지 않는 것이다. 싫어하는 말이나 행동을 한다면 오히려 백 번의 사랑 표현이 빛을 잃을 수도 있다. 제대로 알지 못해서 혹은 잘못 배웠기 때문에 혹은 나쁜 의도로 한 인정하는 말은 사랑 표현이 아니라 그 반대가 될 수 있다. 그 어떤 경우도 용납되거나 괜찮을 수 없다. 단 한 번의 잘못된 반대말이 영혼을 파괴하고 사랑의 가치를 잃게 만들 수 있다.

　그래서 우리는 제대로 분별할 수 있도록 잘 배워야 한다. 인정하는 말의 반대말은 폭언 욕설이다. 폭언 욕설은 반복해서 상대방의 감정을 상하게 하는 매우 안 좋은 말이다. 단순히 사회적으로 이야기하는 욕설만 말하는 것이 아니다. 존재를 무시하거나 행동에 대하여 폄하하는 모든 말들도 폭언 욕설이다. 우리가 살고 있는 삶의 현장에는 인정하는 말이 많은가? 아니면 그렇지 못한 말이 많은가? 나부터 먼저 돌아보자. 나는 인정하는 말을 많이 하는 사람인가? 아니면 그 반대말을 많이 하는 사람인가? 나는 농담이었고 친밀함의 표현이었으며 혹은 더 강하게 이야기하고 싶어 던진 말이 누군가에게는 감정이 상하다 못해 동기가 저하되고 자신의 존재에 대한 부정적 인식마저 경험하게 할 수 있다. 이제 바뀌어야 한다.

나는 친해지기 위한 장난이었습니다

새로 전학 온 친구가 있었습니다. 그 친구가 학교에 잘 적응하지 못하는 것 같아 도와주고 싶어서 그 친구에게 다가갔습니다. 친구가 말하길 자신은 소심한 성격 때문에 친해지려면 시간이 조금 필요하다고 했고 저는 친구를 돕고 함께하기 위해 우리 반 단체 메신저 방에 초대했습니다. 그러자 다른 친구들도 그 친구를 반갑게 맞이해주었습니다. 그 친구도 우리반 친구들과 잘 이야기했습니다. 저는 아주 기분이 좋았고 조금 더 친해지면 좋겠다는 마음에 "이 X끼 소심한 X끼니까 니들이 잘해주고 또 너도 병X아 소심하게 하지 말고 좀 잘해봐!"라고 글을 남겼습니다. 다른 친구들도 웃으면서 몇 번의 욕설이 오고 갔습니다. 그리고 어느 순간 그 친구는 소심한 병X 새X로 친구들에게 불렸습니다. 저는 그렇게 친해지는 것이 괜찮을 줄 알았습니다. 그런데 어느 날 선생님에게 불려갔습니다. 그 친구가 저 때문에 정말 학교 다니고 싶지 않다는 말을 했다는 것입니다. 저는 너무 억울하고 당황했습니다. '내가 그렇게 잘해줬는데… 그리고 친해졌다고 생각했는데…' 너무 억울해서 나는 잘못이 없다고 했더니 선생님은 우리들끼리 나눈 메신저를 보여주셨습니다. 거기에는 참 많은 욕들과 소심하다고 계속 놀렸던 내용들이 있었습니다. 그 친구가 하지 말라고 몇 번을 이야기했던 부분들이 이제야 눈에 들어왔습니다. 나는 친해지기 위해 그렇게 했는데… 결국 그것이 이런 문제를 만들고 말았습니다.

 Reflection

1. 내가 들었던 말 중 가장 듣기 싫었고 마음이 힘들었던 말은 무엇이었나요?

2. 나는 아무 생각 없이 말했는데 그게 누군가에게 부정적인 메시지로 전달되었던 경험이 있으신가요? 무엇이 그런 결과를 초래했다고 생각하나요?

3. 평소 내가 학생들에게 전하는 말 중 바꾸고 싶은 말이 있나요?

인정하는 말을 경험할 수 있는 활동

실습 1 : 칭찬 표현하기

인정하는 말을 배웠다면 이제는 한번 실습해보는 시간을 가지려 한다. 첫 번째 인정하는 말을 경험할 수 있도록 서로에 대한 칭찬을 해보자.『칭찬은 고래도 춤추게 한다』라는 유명한 책이 있듯 칭찬은 사람을 춤추게 하고 더 열심히 무언가를 할 수 있게 만든다. 칭찬을 통한 사랑의 표현으로 인정하는 말을 잘하는 것은 함께 살아가는 우리에게 정말 필요하다. 다만, 무엇을 어떻게 칭찬해야 하는지 먼저 배워야 한다.

- 구체적 칭찬하기(본 것, 들은 것, 느낀 것)
- 타이밍과 장소를 잘 활용하기

활동 Reflection

1. 칭찬하고 싶은 사람을 떠올려 보세요.
   구체적으로 어떤 부분을 칭찬해야 할지 적어보세요.

   _____

   _____

   _____

2. '인격 + 능력 + 부드럽게'의 정의를 기억하며 칭찬의 내용을 적어보세요.

3. 칭찬할 내용을 직접 말이나 글로 표현해보세요.

4. 칭찬할 내용을 찾고 직접 표현하며 어떤 기분이 들었나요?

5. 이 과정을 통해 무엇을 배우고 깨달았나요?

6. 이 과정을 이번 주에 적용할 사람 5명의 이름을 적어보세요.

실습 2 : 프레임의 변화 Re-framing

사람마다 관점이 다릅니다. 어떤 사람은 부정적인 측면을 먼저 보고 어떤 사람은 긍정적인 측면을 먼저 봅니다. 어떤 것이 옳다 그르다 이야기하기는 어렵습니다. 다만, 그 관점이 자신을 살리는 관점인지 아니면 파괴하는 관점인지 구분하고 바꿀 필요가 있습니다.

우리가 듣는 말 중 부정적인 말이 긍정적인 말보다 훨씬 많습니다. 그리고 그 부정적인 말 중 일부는 외부적 언어를 내부적으로 확대 해석하여 스스로에게 하는 말도 포함되어 있습니다. 관점을 바꾼다는 것은 외부의 부정적인 언어를 내부의 긍정적인 언어로 치환하여 죽이는 말이 아닌 살리는 말로 바꾸는 것입니다. 프레임의 변화 즉, Re-Framing의 과정을 통해 스스로 긍정적 메시지를 발견할 수 있으며 함께 Re-Framing하는 과정을 통해 살리는 말, 인정하는 말을 깊게 고민하고 이야기할 수 있습니다.

부정적이든 긍정적이든 말의 경험을 통해 우리는 영향을 받습니다. 그리고 그 영향으로 인해 행동의 패턴이 달라집니다. 부정적인 상황을 경험해도 건강한 자아를 가지고 있는 사람들은 그 상황을 극복합니다. 다만, 그렇지 못한 사람들은 부정적인 언어나 상황을 경험하면 더 큰 부정적 영향을 끼칠 수밖에 없습니다. 우리는 그것을 바꾸어야 할 필요가 있습니다.

 **Reflection**

1. 지금 내가 제대로 사랑을 실천하는 것을 방해하는 부정적인 말은 무엇인가요?

2. 그 말이 나와 상대방에게 각각 어떤 영향을 주고 있나요?

3. 그 말을 바꾸기 위한 더 좋은 말에는 어떤 것이 있을까요?

3

THE FIVE LOVE
LANGUAGES

───────────

『5가지 사랑의 언어』
Chapter 5 사랑의 언어 #2_ 함께하는 시간을
먼저 읽으십시오.

사랑의 언어 # 2

함께하는 시간

"온 우주에 그 사람만 있는 것처럼…"

〈세상을 바꾸는 시간 15분〉 5가지 사랑의 언어 특별 강연회에서 박신영 연사가 한 말이다. 이런 경험을 해본 적이 있는가? 온 우주에 그 사람만 있는 것처럼 집중해본 적이 있는가? 또 누군가 나에게 이렇게 집중해준 경험이 있는가? 그 집중이 평가나 관찰이 아닌 사랑의 에너지를 보내고 있다면 어떤 기분일까?

함께하는 시간이 중요한 사람들이 있다. 사랑하는 사람과 함께하기 위해 많은 에너지와 시간을 사용하고 또 지속적으로 무언가를 함께하기 원한다. 그들은 함께하는 시간을 통해 안정감을 가지게 되고 그 안정감이 느껴질 때 진정한 자기다움을 경험하게 된다. 함께하는 시간을 통해 사랑을 느낀다는 것은 결국 사랑받음으로 진정한 자기다움을 경험하는 것이다.

스포츠 중계를 통해 '홈그라운드 어드밴티지'(Homegrond Advantage)라는 말을 들어본 적이 있을 것이다. 물론 익숙한 공간과 익숙한 장비들의 장점도 있지만 무엇보다도 홈그라운드에는 나를 전적으로 응원하는 관중들이 있다. 연예인들도 나를 사랑해주는 팬들 앞에서 더 멋진 공연을 펼칠 수 있다. 전적으로 집중하고 사랑의 에너지를 줄 때 상대방은 안정감을 갖고 진짜 자기다움을 보여주며 기적 같은 성장과 행복을 경험하게 된다.

외식을 하는 가족을 보면, 어떤 가족은 정말 밥만 먹으러 온 가족이 있고 어떤 가족은 밥을 같이 먹으러 온 가족이 있다. 그리고 또 '이럴 거면 왜 굳이 같이 와서 밥을 먹을까?' 하는 의문이 드는 가족들도 있다.

먼저 밥만 먹으러 온 가족은 정말 목적 달성을 위해 온 듯 밥만 열심히 먹는다. 약간의 대화가 있으나 최대한 빠른 시간 안에 식사라는 목적을 위해 열심히 달려간다. 밥을 같이 먹으러 온 가족은 일상의 대화를 하며 밝게 웃고 눈을 마주보며 행복한 사랑을 나눈다.

마지막으로 '왜 굳이 같이 왔을까?' 싶은 가족은 서로에 대한 비난과 잔소리, 반항 및 저항이 넘친다. 결국 한 명이 화를 내며 나간다. '왜 굳이 왔을까?'라는 의문이 든다. 그런데 요즘은 이런 역동조차 없다. 함께하는 느낌이 없는 가족이 많다. 바로 스마트폰의 영향이다. 4명의 가족이 와서 4대의 스마트폰을 바라보며 각자의 메뉴를 먹는다. 대화는 없고 그저 자신만의 스마트폰 세상에서 살아갈 뿐이다. 함께하지 않는다. 진짜 함께하는 시간은 단순히 물리적으로 함께하는 것이 아니다. 서로에게 전적으로 관심을 집중하며 긍정적 에너지와 메시지를 전달하는 것이다.

나를 돌아보자. 나는 충분히 사랑하는 사람에게 전적으로 관심을 집중하고 있는가?

활동 Reflection

1. 나의 경험으로 봤을 때 함께하는 시간은 교실에서 왜 필요할까요?
   나만의 이유를 적어주세요.

   _____
   _____
   _____

2. 나는 학생들과 함께 있을 때 얼마나 그들에게 집중하나요?

   1   2   3   4   5   6   7   8   9   10

   왜 이 점수를 주셨나요? 이 점수를 선택하면서 느낀 점은 무엇이 있나요?

   _____
   _____
   _____

함께하는 시간 4C Model

체크 포인트

눈을 마주 보고 상대에게 집중하며 연결의 대화를 통해 안정감을 형성하라!

전적으로 관심을 집중하는 것, 즉 함께하는 시간의 중요성을 배웠다면 이제는 함께하는 시간을 제대로 실천하는 데 필요한 4단계 절차를 배워보도록 하자.

Contact : 눈 맞춤

첫 번째는 Contact이다. Contact는 접촉이라는 말이다. 함께하는 시간은 사랑하는 사람과 접촉하는 것이 먼저다. 그 중 가장 중요한 것은 바로 Eye Contact이다. 눈을 마주 본다는 것은 물리적으로 눈을 보는 것 이상의 의미를 포함한다. 눈 맞춤과 관련된 수많은 연구에서 이야기하는 것처럼 눈 맞춤에는 엄청난 힘이 있다. 서로의 호감도를 올리기도 하고 신생아의 뇌 활동을 활발하게 하기도 한다. 또한 진실과 거짓을 구분하는 중요한 비언어적 메시지를 표현하기도 한다. 눈은 백마디 말보다 더 많은 이야기를 한다. 함께하는 시간의 1단계는 눈을 마주 보는 것으로부터 시작한다. 눈을 마주 보며 사랑하는 사람과 contact하라.

Concentrate : 집중

두 번째 단계는 Concentrate이다. 즉 상대방에게 집중하는 것이다. 내가 하고 싶은 것이나 외부적 요인으로 관심을 돌리는 것이 아닌 상대방에게 집중하는 것이다. 단순히 물리적으로 함께하고 눈만 바라보는 것이 아닌 몸도 마음도 상대방에게 집중하는 것이다. 집중하고 몰입하기 위해서는 마음뿐 아니라 행동도 집중해야 한다. 눈을 마주 보았다면 내 이야기나 나의 관점으로 말하고 행동하는 것이 아니라 상대방에게 집중하라. 그렇게 집중하면 상대방이 지금 어떤 표정으로 어떤 말을 하고 있는지 알아차릴 수 있다.

Connect : 긍정적 연결

세 번째 단계는 Connect의 단계이다. 연결되는 것이다. 진짜 함께하고 있다는 느낌을 가지고 서로 연결되어 있다면 시간도 공간도 의미를 잃는다. 사랑하는 사람과 눈을 마주 보며 웃으며 행복한 시간을 보내다 보면 시간이 지나가는 것도 잊게 된다. 그저 행복하고, 온 우주에 둘만 있는 것처럼 서로에게 집중하며 진정한 사랑의 주고받음을 느낄 수 있다. 그렇게 연결되어 있는 관계는 꼭 남녀간의 사랑만 있는 게 아니다. 학교 교실에서 친구들과 함께하며 긍정적인 연결의 시간을 경험하면 그 안에서 행복을 느끼고 그 경험을 통해 학생들은 성장한다.

Comfort : 안정감

마지막 네 번째 단계는 Comfort의 단계이다. 안정감을 가지게 되는 것이다. 나와 함께하고 집중해주는 사람이 있다면 즉, 사랑받고 있다는 느낌을 가지게 되면 안정감을 갖게 된다. 그 안정감을 통해 사람은 자기다움을 발견할 수 있다. 진짜 나다운 것, 나의 있는 모습 그대로를 인정하고 서로에게 표현할 때 제대로 성숙하고 성장할 수 있다. 주변 사람들에게 맞춰주고자 나의 모습을 꾸미고 괴로워하는 것이 아니라, 나와 다른 누군가를 비난하고 비판하며 심지어 혐오하는 것이 아니라, 진정한 안정감으로 서로 함께 사랑을 나누며 안전하게 살아갈 수 있다.

체크 포인트

〈함께하는 시간의 구체적 실천법〉

Contact – 상대방과 눈을 마주보며 대화하라.
Concentrate – 상대방에게 전적으로 집중하라.
Connect – 긍정적인 연결을 이루라.
Comfort – 안정감을 통한 자기다움을 발견할 수 있게 도우라.

활동 Reflection

1. 살면서 가장 의미 있었던, 행복을 경험했던 시간은 누구와 함께하는 언제였나요? 그 이유는 무엇인가요?

   _____
   _____
   _____

2. 내가 학생들과 함께했던 시간 중 가장 잘했다고 느껴졌던 때는 언제인가요? 그때 학생들은 어떻게 반응했나요?

   _____
   _____
   _____

함께하는 시간과 반대말 (함께하는 시간 VS 따돌림)

함께하는 시간의 반대말은 따돌림이다. 왕따 문제는 과거에도, 지금도 아주 심각한 문제이다. 인간은 관계 안에서 성장하고 관계 안에서 안정감을 느낀다. 사랑의 언어인 함께하는 시간을 통해 인간은 안정감과 자기다움을 느낀다. 하지만 함께하는 시간의 반대말인 따돌림을 경험하는 순간 인간은 극도의 불안과 우울감을 겪는다. 재소자들에게 주는 가장 강력한 처벌 중 하나는 독방에 보내는 것이다. 아무도 없는 공간에서 홀로 있는 것이 가장 고통스럽기 때문이다. 차라리 불편하고 조금 괴로워도 함께하는 것을 사람들은 더 선호한다.

따돌림을 경험해본 적이 있는가? 아니 누군가를 따돌려본 적이 있는가? 그 친구들의 표정을 본 기억이 있는가? 따돌림은 정말 많은 곳에서 일어나고 있다. 따돌리면 안 된다는 것을 알고 있지만 우리는 이미 그렇게 행동하고 있다. 따돌림의 시작은 우리 사회가 가지고 있는 차별 시스템으로부터 시작된다. 과거 학교에서는 1등부터 꼴등까지 서열을 매기고 이를 게시판에 부착했다. 이를 기초로 차별이 시작되었다. 지금도 차별과 관련된 수많은 뉴스들이 쏟아져 나온다. 학교 현장의 왕따 문제뿐만 아니라 다 큰 어른들이 다니는 직장, 삶의 현장에서도 따돌림은 비일비재하게 일어난다. 임대주택에 사는 아이들의 보행통로를 막는 행동이나 다문화 아이들, 장애가 있는 아이들을 당연하게 차별한다. 어른들의 그런 행동이 아이들에게 전달되고 그래도 된다고 생각하며 살아간다. 이제는 정말 바뀌어야 할 때이다. 기본적인 인식의 개선이 필요하다.

여러분 중에는 나는 그 따돌림과 차별에 참여하지 않았다고 스스로 정당성을 부여하는 사람도 있을 것이다. 따돌리거나 차별하지 않았다는 것은 굉장히 훌륭하다. 하지만, 하나 더 우리가 행동해야 하는 것이 있다면 먼저 손을 내미는 것이다.

 **Reflection**

1. 내가 했던 경험 중 함께하는 시간이 너무 싫었고 힘들었던 적은 언제였나요?

2. 학교에서 따돌림을 당하는 학생들을 보신 적이 있나요?
   그 학생들에게 나는 어떤 행동과 태도를 보였나요?

3. 만약, 다시 그런 일이 발생한다면 나는 어떻게 할 수 있을까요?

함께하는 시간을 경험할 수 있는 활동

눈 맞춤에 관한 놀라운 연구

눈 맞춤은 상대의 호감도와 신뢰도를 증가시킨다!

1989년 미국 심리학자 켈러먼과 루이스가 '눈 맞춤이 로맨틱한 사랑에 영향을 주는지' 실험했다. 서로 전혀 모르는 사이의 젊은 남녀 한 명씩 총 48쌍을 모집했고, 실험 결과, 2분 동안 전적으로 서로 눈맞춤에 집중한 그룹이 나머지 대조군에 비해 '상호 호감도와 신뢰도'가 월등히 높은 것으로 드러났다.

눈을 마주 볼 때 진실된 타인의 자아와 만날 수 있다.

상대방의 눈을 마주보자

눈 맞춤 활동 Guide

1. 왜 이 활동을 하고 이 활동을 통해 우리가 배워야 할 것이 무엇인지 알린다.
2. 활동의 방법을 소개한다. 온 우주에 앞에 있는 사람만 있는 것처럼 바라보기

    (2인이 짝을 지어 일정 시간 동안 서로의 눈을 바라본다)

    * 주의사항
        - 장난스럽게 쳐다보거나 웃지 않기
        - 머릿속에 다른 생각하기 않기(시간을 재는 등의 다른 생각을 없애기)
        - 다른 곳이 아닌 눈을 바라보기
3. 활동 후 Reflection 실시

활동 Reflection

1. 상대방의 눈을 바라보았을 때 맨처음 어떤 느낌이었나요?

2. 좀 더 시간이 흐르고 계속 상대방의 눈을 보았을 때는 어떤 느낌이 들었나요?

3. 상대방의 눈을 마주하던 중 기억에 남는 순간이 있다면 언제인가요?
   그 이유는 무엇인가요?

4

THE FIVE LOVE
LANGUAGES

───────────

『5가지 사랑의 언어』
Chapter 6 사랑의 언어 #3_ 선물을
먼저 읽으십시오.

사랑의 언어 # 3

선물

선물은 사랑의 상징이다. '나는 당신을 기억합니다'라는 의미이며 나의 마음과 생각을 전달하는 매개체이다.

가장 기억에 남는, 받고 나서 행복했던 선물은 무엇이 있는가? 어떤 선물이 기억에 남는 선물일까? 우선 선물을 주고받는 상황을 상상해보자. 당신은 어떤 선물을 받고 싶어 할까? 물론 비싸고 화려한 선물은 사람들로 하여금 만족감을 줄 확률이 높다. 그러나 그것만으로는 부족하다. 아니 오히려 비싸고 화려한 물건은 부담스럽게 느껴질 수 있고 의심을 살 수 있다.

선물은 그 물건 자체의 가치도 존재하지만 더 중요한 것은 그 선물에 담긴 의미와 메시지다. 어떤 선물은 그 사람이 나를 사랑하고 있다는 것을 느끼게 만들어준다. 물건 이상의 의미를 갖게 하는 것이다. 그 선물로 인해 사랑을 오래 기억하게 되고 내가 사랑받고 있음을 깨닫게 된다. 그런 선물을 잘 주고받는 것이 우리에게는 필요하다. 사랑하는 사람을 떠올려보라. 또 감사한 사람들을 떠올려보라. 그들에게 어떤 선물로 당신의 사랑을 또 감사를 표현할 수 있을까?

선물은 사랑을 풍성하게 한다. 또 오래도록 사랑을 기억할 수 있게 도와준다. 네 번째 손가락에 낀 반지를 보며 결혼과 사랑을 기억하는 것처럼 선물은 사랑의 상징물이다. 그러나 때로는 선물을 주고받는 것이 부담스럽게 느껴질 수 있다.

법적으로 문제가 되는 경우도 있다. 부정청탁 및 금품 등 수수의 금지에 관한 법률이 존재하고 선생님이나 주변 어른들에게 선물하는 것이 어려울 수 있다. 그래서 선물 자체를 포기하거나 부정적으로 보는 시선들도 많다. 그럼에도 선물에 대한 교육이 필요한 이유는 사랑의 언어 중 하나인 선물을 포기하지 않기 위해서다. 좋은 선물을 통해 기억에 간직되는 사랑의 언어를 위해서는 지혜가 필요하다.

선물을 통해 당신의 사랑을 기억합니다.
풍성한 사랑의 상징물인 선물을 통해 오래도록 당신의 사랑을 기억합니다.

 **Reflection**

1. 나의 경험으로 돌아봤을 때 선물은 교실에서 왜 필요할까요?
   나만의 이유를 적어주세요.

2. 나는 학생들에게 얼마나 많은 선물을 하고 있나요?

   1   2   3   4   5   6   7   8   9   10

   왜 이 점수를 주셨나요? 이 점수를 선택하면서 느낀 점은 무엇이 있나요?

좋은 선물을 위한 4단계 4P 전략

체크포인트

선물은 사랑의 상징물이다. "나는 당신을 기억합니다."

사랑의 언어로써 선물을 줄 때는 지혜가 필요한데, 4P로 그 내용을 정리해 보았다.

Preference : 선호

첫 번째 P는 Preference이다. 상대방이 무엇을 좋아하는지 무엇을 선호하는지 알아야 한다. 그것이 먼저이다. 내가 좋아하는 것이나 내가 주고 싶은 것 혹은 그냥 단순히 비싼 것이 아니라, 상대방이 좋아하고 원하는 것을 먼저 아는 것이 중요하다. 차가 없는 사람에게 자동차 액세서리를 선물하는 것, 검정을 싫어하는데 검정 컬러의 것을 선물하는 것, 심지어 알레르기가 있는 사람에게 해당 알레르기가 있는 선물을 하는 것은 그 사람의 필요나 선호를 전혀 반영하지 않은 좋지 못한 선물이다. 상대방의 선호도를 알아야 한다.

Prepare : 준비

두 번째는 Prepare, 즉 미리 준비하는 것이다. 상대방의 선호를 알았다면 그 선호에 맞는 물건이 무엇인지 찾아야 한다. 짧은 시간 안에 찾으면 좋겠지만 좋은 선물은 여러 곳을 확인하고 꼼꼼히 살피는 것이 좋다. 그래야 더 좋은 선물을 전달할 수 있고 사랑을 표현할 수 있다. 뿐만 아니라 선물을 준비하는 과정과 노력도 선물이 중요한 언어인 사람에게는 큰 의미를 갖는다. 그 선물을 볼 때마다 그 사람이 나를 위해서 준비한 과정을 생각하며 깊은 사랑을 느낄 수 있게 되는 것이다.

pleasure : 기쁘게

세 번째는 pleasure이다. 선물은 기분 좋은 분위기 속에 주는 것이 좋다. 즐겁게 선물을 전달하는 과정이 필요한 것이다. 쑥스럽고 부끄러워 선물을 전달하는 과정이 어색할 수 있다. 또한 그렇게 배웠기 때문에 주고받는 과정이 서로에게 부담될 수 있다. 바뀌어야 한다. 상상해보라! 학교에서 대표로 상을 받을 때 교장 선생님이 그 상을 주시면서 "오다가 주웠다"라고 표현하면 정말 의미가 반감될 것이다. 함께 행복하게 웃으면서 제대로 사랑을 표현하고 제대로 감사를 표현하는 과정이 중요하다. 선물을 전달하는 순간의 감정이 선물을 더욱 빛나게 할 것이다.

Process : 과정

마지막은 Process이다. 선물은 이벤트를 넘어서 과정이 중요하다. 선물은 물건 이상의 의미를 갖는다. 선호를 파악하는 것부터 준비하는 것, 전달하는 모든 과정이 선물이다. 그리고 전달된 후에도 그 선물을 통해 사랑을 지속적으로 느낄 수 있게 만들어주는 과정이 필요하다. 따라서 선물을 준비할 때는 오래도록 기억에 남을 수 있는 경험과 과정을 전달해주어야 한다.

사랑하는 사람이 원하는 것을 파악하여 미리 준비하고 서로 행복한 상태로 전달하는, 이 모든 것이 하나의 과정으로써 의미를 가진다는 것을 기억하라. 그 선물은 사랑의 상징으로 오랫동안 사랑을 느낄 수 있게 해줄 것이다.

체크포인트

〈좋은 선물을 위한 4단계 Process〉

Preference – 상대방이 무엇을 좋아하는지 미리 파악하라.
Prepare – 선물은 미리 준비하라.
pleasure – 즐겁고 행복한 방식으로 전달하라.
Process – 선물은 물건 이상의 과정임을 기억하라.

 **Reflection**

1. 살면서 가장 의미 있었거나 행복을 경험하게 해주었던 선물은 무엇인가요?
   그 이유는 무엇인가요?

2. 내가 학생들에게 선물했던 경험 중 가장 잘했다고 느껴졌던 때는 언제인가요?
   어떤 상황에서 전달되었고 상대방은 어떻게 반응했나요?

선물과 반대말 (선물 VS 뇌물)

체크포인트

선물은 사랑을 기억하고 오랫동안 기억하게 하지만
뇌물은 사람을 조종하고 관계 맺기를 어렵게 만든다.

좋은 선물은 사랑을 풍성하게 하고 기억하게 하며 오랫동안 지속할 수 있게 돕는다. 하지만 선물은 아주 주의해야 할 사랑의 언어이다. 선물이 잘못 전달되거나 나쁜 의도를 가지면 선물이 아닌 뇌물이 되기 때문이다. 사랑하는 마음으로 기꺼이 주는 것이 아닌 대가를 바라고 주는 것은 상대방을 상처받게 하고, 심각하면 그 선물로 관계가 깨어지거나 함께 무너질 수도 있다.

뇌물의 가장 큰 문제는 좋은 의도처럼 보일 수 있다는 것이다. 고마운 마음에 잘 됐으면 좋겠다는 바람으로 시작하지만 사실 숨겨둔 부정적이고 불법적인 의도가 있는 뇌물들이 많기 때문이다.

뇌물은 사람을 오염시킨다. 물질 만능주의를 만들며 사람을 하나의 도구로 인식하게 만들며 사랑이 아닌 거래로 인식하게 만든다. 물론, 뇌물이라고 하면 뉴스에서 나오는 정치적인 이야기– 문제가 있는 상황을 무마하기 위해 주는 것쯤으로 착각하기 쉽다.

과거 학교에서는 다양한 뇌물이 존재했었다. 우리 아이를 잘 보살펴주시면 좋겠다는 마음으로 부모들이 교사들에게 촌지나 선물 등을 몰래 주었던 것이다. 물론 이제는 이렇게 하지 않고 하면 안 되는 법령도 만들어졌다. 하지만 정말 뇌물은 없을까? 내 생각에는 우리 주변에 정말 많은 뇌물이 있다.

혹시 여러분들도 뇌물을 주고받아 본 적이 있는가? 사랑하는 사람을 표현하기 위해 주는 선물이 아닌 잘못을 무마하기 위해, 또 누군가를 조종하기 위해 뇌물을 사용하는 경우를 많이 목격한다. 제대로 된 사과가 아닌 잘 선물로 잘못에 대하여 처리하려고 하는 모습이 그런 것이다.

또, 부모님들도 자녀들에게 선물이 아닌 뇌물을 사용하는 경우도 많다. 공부를 잘하면 성적이 잘 나오면 무언가를 해준다는 것은 물론 교육을 위한 보상 강화 차원의 방안일 수 있지만 그것은 좋은 선물로 볼 수 없다. 더욱이 그런 것들 때문에 선물이 오염되는 경우를 많이 목격한다. 뇌물은 사랑의 자기주도성을 없앤다. 그리고 사랑도 오염시킨다.

경쟁에 이기기 위해서는 그래도 되는 줄 알았습니다

반장이 되고 싶었습니다. 정말 우리 반 학생들을 돕고 사랑하는 마음으로 반장이 되고 싶었습니다. 그래서 엄마에게 이야기했더니 걱정 말라고 하셨습니다. 그다음 날부터 나는 친구들을 집으로 초대했습니다. 처음에는 별생각 없이 맛있는 음식을 같이 먹고 놀았습니다. 친구들이 집으로 돌아가려고 할 때 엄마는 친구들에게 작은 선물을 주었습니다. 친구들의 표정이 밝아졌고 저도 기분이 좋았습니다. 그렇게 거의 대부분의 반 친구들을 집으로 초대했고 경쟁하는 친구들과 친한 몇 친구들을 빼고는 다 집을 다녀갔습니다. 저는 정말 즐거운 마음으로 초대했고 기쁜 마음으로 선물도 주었습니다. 당연히 친구들은 좋아했고 얼마 후 반장선거에서 저는 당선되었습니다. 그 이후에도 몇 번의 반장선거에서 똑같은 방식으로 반장이 되었습니다. 그렇게 시간이 지나고 또 반장 선거가 있고 똑같은 방식으로 친구들을 초대하고 선물을 주려고 했는데 한 친구가 이건 잘못된 것 같다며 거절했고 다른 친구들도 그렇게 해서는 안 된다고 이야기했습니다. 너무 당황스러웠습니다. '내가 잘못하고 있나?'라는 생각이 들었습니다. 엄마에게도 친구 이야기를 했는데 엄마는 괜찮다고 이야기했습니다. 그렇게 시간이 지나고 점점 학년이 올라가고 친구들을 만들고 만나는 것이 점점 어려웠습니다. 그때마다 친구들에게 맛있는 것을 사주고 선물을 사주며 친구를 사귀려고 했습니다. 그러다 보니 진짜 친구를 사귀고 만나는 것이 너무나 어려웠습니다. 엄마에게 물어봐도 이제는 어떻게 해야 할지 모르겠습니다.

 Reflection

1. 받았던 선물 중 가장 싫고 부담스러웠던 선물은 무엇이었나요?

2. 혹시 아무 생각 없이 받거나 전달했는데 문제가 되었던 선물이 있나요?
   그때 어떤 생각과 마음이 드셨나요?

3. 다시 그런 일이 생긴다면 어떻게 더 긍정적으로 문제를 해결할 수 있을까요?

선물을 경험할 수 있는 활동

편지쓰기

선물과 함께 전달할 편지를 쓸 때 다음의 4가지 내용을 생각하며 쓰면 좋을 것이다.

1) 누구에게 어떤 마음을 가지고 쓸 것인가?
2) 진실된 마음으로 사랑과 감사를 표현한다.
3) 구체적 상황과 느낌을 살아있게 적는다.
4) 앞으로의 바람 혹은 긍정적 다짐을 적는다.

 Reflection

1. 지금 가장 떠오르는 사람에게 편지를 써보세요.
   그들에게 고마운 점, 미안한 점, 혹은 바람 등을 진솔하게 한번 적어보세요.

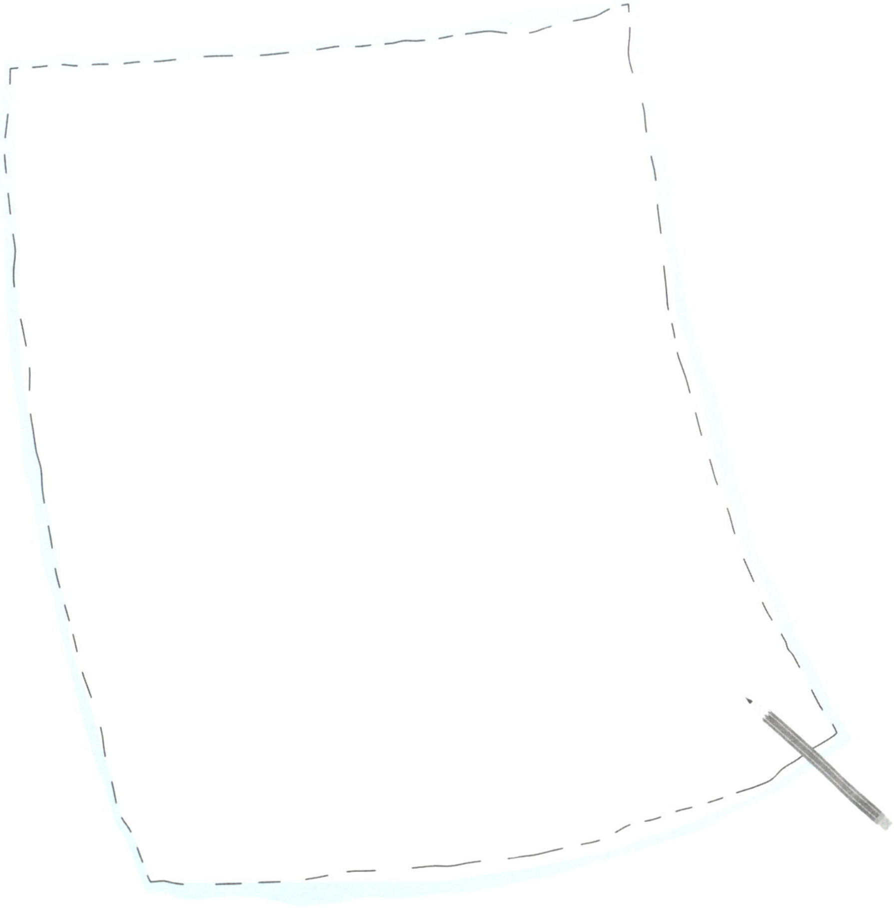

2. 전달할 수 있다면 편지지에 써서 전달해주시고,
   그럴 수 없다면 사진을 찍어서 메시지로 전달해주세요.

5

THE FIVE LOVE
LANGUAGES

───────────

『5가지 사랑의 언어』
Chapter 7 사랑의 언어 #4_ 봉사를
먼저 읽으십시오.

사랑의 언어 # 4

봉사

A friend in need is a friend indeed! 말 그대로 필요할 때 친구가 진짜 친구다. 꼭 어려운 상황뿐 아니라 우리는 서로 도움을 주고받으며 살아가고 있다. 더불어 우리는 지금까지 누군가의 봉사를 받으며 살아왔다. 대부분 우리들의 부모들은 자녀들을 위해 봉사로 사랑을 표현했다. 그리고 우리는 그 봉사 덕분에 살 수 있었고 지금까지 성장할 수 있었다. 이러한 봉사를 우리는 어떻게 받아들이고 있는가? 누군가를 사랑해본 적이 있다면, 그 사람을 위해 무언가 해주고 싶은 것이 사람의 마음이다. 또한 사랑하는 사람이 어려움을 겪고 있다면 그 어려움을 해결해주고 싶은 것이 당연한 인간의 욕구이다. 그렇게 우리는 봉사로 사랑을 주고받으며 살아가고 성장하고 있다.

5가지 사랑의 언어 중 봉사는 행동으로 기꺼이 사랑하는 사람의 필요를 채워주는 것이다. 봉사가 중요한 사람들은 누군가 나의 필요를 채워줄 때 사랑받는다고 느낀다. 많은 사람들이 내가 사랑받은 만큼 사랑하는 사람의 필요를 채워주기 위해 열심히 자신의 에너지와 시간을 할애한다. 그리고 상대방에게 도움이 되었다고 느꼈을 때 뿌듯함을 느낀다. 더불어 나의 부족함을 채워주고 내가 힘들거나 어려울 때 도움을 주었던 사랑을 잊지 못하고 감사하게 생각한다. 우리는 기꺼이 사랑하는 사람을 위해 그의 필요를 채워주는 사랑의 주고받음을 통해 함께 성장할 수 있다.

사랑하는 사람과 한 팀이 되어 함께 성장하기 위해서는 봉사라는 사랑의 언어를 주고받아야 한다. 이를 위해 필요한 것은 첫 번째, 행동으로 기꺼이 해주는 것이다. 두 번째는 사랑하는 사람의 필요를 채우는 것이다. 내가 원하는 방식이 아닌 사랑하는 사람이 원하는 필요를 채워주는 것이다.

마지막으로 중요한 것은 봉사로 사랑을 주고받는 과정에서 당연하게 여기지 않고 감사하게 생각하는 것이다. 우리 주위에는 봉사를 사랑으로 보지 않고 당연하게 보는 사람이 많다. 혹은 누군가 해야만 하는 당연한 일로 보는 사람들도 많다. 사랑하는 사람을 위해 기꺼이 표현하는 사랑은 당연할 수 없다. 한 팀으로 성숙하고 싶다면 봉사의 언어를 제대로 파악(Reflection)하는 것이 중요하다.

 **Reflection**

1. 나의 경험을 돌아봤을 때 봉사는 교실에서 왜 필요할까요?

   _____
   _____
   _____

2. 나는 학생들에게 봉사로 사랑을 얼마나 표현하는 선생님인가요?

   1   2   3   4   5   6   7   8   9   10

   왜 이 점수를 주셨나요? 이 점수를 선택하면서 느낀 점은 무엇이 있나요?

   _____
   _____
   _____

좋은 봉사를 위한 GIVE Model

체크포인트

봉사는 기꺼이 사랑하는 사람의 필요를 채워주는 것이고
이를 당연하지 않게 생각하는 것이 필요하다.

행동으로 기꺼이 사랑하는 사람의 필요를 채워주는 것, 즉 사랑을 주는 봉사의 언어는 크게 4가지 요소를 제대로 이해하고 실천하는 것이 중요하다. 사랑하는 사람을 위한 모든 행동이 다 사랑을 느끼게 할 수 없기 때문이다. 제대로 사랑을 GIVE하기 위해 4가지 요소를 배워보자!

Gladly : 기꺼이

첫 번째는 Gladly로 기꺼이 하는 것이다. 사랑하는 사람에게 사랑을 행동을 할 때 기꺼이 하는 것이 중요하다. 억지로 하거나 부담감을 가지고 하는 것은 오히려 부작용을 일으킬 수 있다. 피해자나 거래하는 사람이 아닌 사랑하는 사람의 마음과 태도로 봉사를 실천하는 것이 필요하다. '내가 이걸 왜 하고 있지? 내가 노예야?' 혹은 '이걸 하면 저걸 해주겠지?'라는 생각을 한다면 기꺼이 봉사를 표현하는 것이 아니다. 물론 사랑하는 사람을 위해 도움을 주는 것 자체만으로도 칭찬받을 일이지만, 전체적으로 보았을 때 기꺼이 하지 않으면 사랑을 주고받는 관계가 아닌 다른 관계로 변질될 수 있다. 이렇게 되면 서로에게 부담을 주고 피해의식을 만들어 장기적으로 긍정적이고 발전적인 사랑의 관계를 만들기 어렵다. 기꺼이 할 수 없다면 그 이유를 생각해보고 당신의 생각, 마음을 돌아보아야 한다.

Impartial : 편견 없이

두 번째는 Impartial이다. Impartial은 편견이 없다는 뜻이다. 우리는 살아온 과정의 영향으로 서로 다른 가치관과 믿음을 가지고 있다. 그 가치관과 믿음은 사랑을 표현하는 봉사에도 영향을 미친다. 심지어는 봉사를 오염시키기도 한다. 빨래는 당연히 엄마가 해야 하는 일이라고 생각하는 사람이 있다. 음식물 쓰레기는 당연히 아빠가 버리는 것이라고 생각하는 사람도 있다. 집안의 분위기나 환경적 영향에 따라 다 다르다. 어떤 집이 옳고 그르다고 말하는 것이 아니다. 그냥 다르다. 그래서 모두 옳을 수 있다. 다만, 이것을 일반화하는 것은 옳지 않다. 더 큰 문제는 당연하게 생각하고 받아들이면 감사할 수 없다는 것이다. 사랑의 표현이 아닌 당연히 해야만 하는 그 사람의 일로 본다면 그때부터는 사랑이 사랑으로 느껴지지 않게 된다. 봉사를 사랑으로 느끼기 위해서는 편견을 없애고 당연하게 여기지 않아야 하며 감사함으로 그것이 사랑임을 인지해야 한다.

Viewpoint : 상대방의 관점에서

세 번째는 Viewpoint, 관점이다. 봉사에서 가장 쉽게 놓치고 있는 부분이 바로 관점에 대한 것이다. 봉사는 사랑하는 사람의 필요를 채워주는 것이다. 내가 하고 싶고 주고 싶은 것을 주는 것이 아닌 사랑하는 사람의 필요를 채워주는 것이다. 그렇다면 사랑하는 사람의 필요를 어떻게 알 수 있을까? 중요한 것은 물어보고 이야기하고 확인하는 것이다. 나의 관점이 아닌 상대방의 관점으로 상대방을 돕는 것이 중요하다. 돕는 과정이나 돕는 방식도 상대방이 원하는 방식대로 하는 것이 필요하다. 상대방이 기대하고 상대방이 편한 방식으로 돕는 것이다. 관점을 내가 아닌 상대방으로 바꾸어 봉사로 사랑을 표현하는 것이 필요하다. 이 과정이 제대로 이루어지지 않으면 나는 도와준다고 했던 행동이 오히려 상대방에게는 더 큰 부담과 어려움이 될 수 있다.

Encourage : 성장시키다

마지막으로 Encourage이다. 제대로 된 봉사는 사람을 성장시킨다. 특히 봉사는 팀플레이를 통해 성장한다. 행동으로 기꺼이 사랑하는 사람의 필요를 채우는 과정에서 폭넓은 시각을 갖게 되고 헌신적으로 일하는 것을 통한 결과물을 함께 경험할 수 있다. 또한 부족함이 채워지면서 보다 효과적으로 함께 열매 맺으며 제대로 성장할 수 있다. 이 전체적인 과정을 통해 서로 향상되는 봉사의 언어를 제대로 실천하는 것이 필요하다.

사랑하는 사람을 위해 기꺼이, 편견 없이, 사랑하는 사람의 관점으로 행동하며 함께 성장하는 봉사의 언어를 제대로 알고 실천하자.

체크포인트

〈진짜 봉사를 위한 4가지 핵심 요소〉

Gladly – 기꺼이 상대방을 위해 하라.
Impartial – 편견 없이 하라.
Viewpoint – 상대방의 관점으로 하라.
Encourage – 성숙과 성장을 위해 실천하라.

당연히 그렇게 되는 것인 줄 알았습니다

늘 깔끔한 집과 깨끗한 교복, 냄새가 나지 않는 화장실… 심지어 깨끗하지 않은 교복을 보고 엄마에게 화를 낸 적도 있었습니다. 그때 엄마는 미안하다고 말했는데도 나는 하루 종일 엄청 짜증이 났습니다. 집에 가보니 지저분하고 정리가 안 되어 있는 모습에 나는 또 화가 났습니다. 뒤늦게 알게 됐지만 엄마는 할머니가 쓰러지시는 바람에 급하게 나가셔야 했다는 것을 알게 되었습니다. 엄마는 화를 내는 내게 미안하다고 하며 금방 가겠다고 말했습니다. 나도 괜찮다며 할머니를 잘 챙겨주라고 이야기하고 전화를 끊었습니다. 사실 할머니 걱정도 되었고 엄마의 힘 없는 목소리를 들으니 마음이 좋지 않았습니다. 나는 엄마를 기쁘게 해주고 싶었습니다. 그래서 우선 집 정리를 하기 시작했습니다. 볼 때는 별거 아니라고 생각했는데 집 정리 하는 것이 생각보다 쉽지 않았습니다. 또 지저분한 교복을 깨끗하게 빨아보려고 하는데 막상 어떻게 해야 할지 몰라 검색사이트를 찾아 빨래도 하고 정리도 했습니다. 아침에 먹었던 그릇도 설거지했습니다. 엄마 아빠를 기쁘게 해주고 싶어 요리도 해보려고 마음먹었습니다. 그런데 생각보다 쉽지 않았고 2시간이 넘게 걸려 겨우 요리 하나를 완성했습니다. 늦은 시간에 집으로 돌아온 엄마는 내가 정리한 집과 요리를 보고 눈물을 흘리셨습니다. 나는 처음에 할머니 때문에 힘들어서 울었나보다 생각했습니다. 그런데 그게 아니라 내가 엄마를 사랑하는 마음으로 이렇게 해준 것이 고맙고 너무 위로가 되어 울었다는 것입니다. 그날을 통해 나는 엄마로부터 받고 있었던 사랑을 다시금 깨달을 수 있었습니다. 내가 늘 당연하게 여겼던 모든 것들은 사실 다 엄마의 사랑이었습니다.

활동 Reflection

1. 살면서 가장 의미 있고 행복했던 봉사는 무엇이었나요?
   그 이유는 무엇인가요?

2. 내가 학생들과 함께했던 봉사의 경험 중 가장 잘했다고 느껴졌던 것은 무엇인가요?
   어떤 상황에서 전달되었고 상대방은 어떻게 반응했나요?

봉사의 반대말 (봉사 VS 괴롭힘)

　행동으로 기꺼이 사랑하는 사람들의 필요를 채워주는 봉사의 언어는 한 팀으로 함께 성장하고 성숙할 수 있게 돕는다. 그러나 학교 현장을 비롯한 우리 삶에서는 그런 사랑보다는 괴롭힘의 이야기가 더 많이 들려온다. 앞서 배운 인정하는 말의 반대말인 폭언으로 인한 괴롭힘, 함께하는 시간의 반대말인 따돌림, 신체 폭행이나 금품갈취 등 상대방이 원하지 않고 받아서도 안 되는 행동들을 저지르는 현상들은 결국 모두가 함께 상처받고 무너질 수밖에 없는 결과를 초래한다. 이러한 행동들을 막기 위해서 가장 먼저 필요한 것은 우리 안에 있는 잘못된 생각의 틀을 깨는 것이다. 그렇게 두려움을 이겨내고 용기를 내어 제대로 행동함으로써 한 팀으로 성장하는 봉사의 언어를 실천하는 것이다.

　첫 번째로 잘못된 생각들을 바꾸어야 한다. 우리는 이기기 위해서 조금의 편법은 괜찮으며 결국 승자가 기록한 역사가 쓰여질 것이라는 이야기를 많이 들어왔다. 사람들은 우월감을 느끼기 위해 서슴지 않고 거짓말을 하기도 한다. 그렇게 쫓기듯 살아오는 동안 우리는 이기기 위해 나를 향상시키기보다 다른 사람들을 짓누르는 것부터 배워왔다. 약육강식의 세상에서 진 사람은 당연히 승자에게 무릎을 꿇어야 하는 것을 배운 것이다. 이것은 옳지도, 효과적이지도 않다. 모든 존재는 동등하게 존중받아야 한다. 이상적으로 접근하는 것이 아니다. 조사를 해보면 학교 폭력이 있는 학급은 다른 학급에 비해 평균 학업성취도가 떨어진다. 잠재적 불안감을 가지고 있기 때문이다. 또한 괴롭힘은 의도의 문제가 아니다. 도와주려고 했던 행동이 오히려 상대방에게 도움이 아닌 부담이나 괴롭힘으로 느껴졌다면 그것은 봉사가 아니다. 의도가 아닌 결과와 현상으로 봐야 한다. 동상이몽을 버리고 상대방의 관점으로 행동해야 한다.

　두 번째로 두려움을 이겨내고 용기를 내어 제대로 행동하는 것이다. 괴롭힘당하는 사람들을 도와주는 것에는 용기가 필요하다. 괴롭힘을 당하고 있는 사람을 도와주다가 나 역시 괴롭힘을 당하는 피해자가 될 수도 있기 때문이다. 또한 힘든 사람들을 도와주는 것에는 나의 에너지와 시간이 쓰이기 때문에 부담감과 두려움이 존재할 수 있다. 물론 그럴 수 있다. 어렵고 힘든 상황이 발생할 수 있고, 귀찮고 부담스러운 일들이 발생할 수 있다. 다만, 이 일들을 혼자 하는 것이 아닌 함께 한다면 어려움이 줄어들고 모두가 함께 행복할 수 있을 것이다. 한 명의 용기 있는 실천이 모여서 더 많은 용기 있는 사람들이 생길 것이고 그 안에서 제대로 된 봉사가 만들어질 것이다. 그렇게 함께 팀을 이루어 성장하면 더 나아가 행복한 사회도 만들 수 있을 것이다.

활동 Reflection

1. 내가 받았던 봉사 중 가장 싫었고 힘들었던 봉사는 무엇이었나요?

2. 혹시 나는 기꺼이 돕는다고 생각했는데 제대로 전달되지 못한 봉사가 있나요? 그때 어떤 생각과 마음이 들었나요?

3. 다시 그런 일이 생긴다면 어떻게 더 긍정적으로 문제를 해결할 수 있을까요?

봉사를 경험할 수 있는 활동

　세상을 바꾸는 봉사는 사랑을 세상에 실천할 수 있는 가치 있는 행동이다. 다만, 최근 학교에서 벌어지는 다양한 사태들을 보면 봉사활동이 많이 변질되어 있음을 볼 수 있다. 그게 어떤 목적이고 형식이든지 누군가를 돕는 것은 아주 의미 있는 행동이다. 다만, 외부로 봉사활동을 하고 사랑을 실천하기 위해서는 몇 가지 기억하고 준비해야 할 것들이 있다.

- 기관이 기대하는 방식대로 봉사한다.
- 대상에 대한 충분한 이해를 가지고 시작한다.
- 내가 할 수 있는 범위를 명확하게 확인하고 시작한다.
- 시작했다면 약속한 시간 동안 끝까지 책임지고 봉사한다.
- 상대방을 존중하는 마음과 태도를 가지고 봉사한다.
- 과정과 결과를 통해 나를 돌아본다.

위 6가지 요소들을 기억하며 봉사활동을 하는 것이 중요하다.

　봉사는 사랑하는 사람이 원하는 방식으로 원하는 것을 기꺼이 하는 것이다. 봉사활동으로 세상을 향한 사랑을 실천하는 것도, 제대로 알고 제대로 행동하는 것이 필요하다. 이 활동을 통해 우리는 함께 성장하고 자라갈 수 있다.

활동 Reflection

1. 학생들과 함께하고 싶은 봉사가 있으신가요?

2. 왜 그 봉사를 하고 싶으신가요? 그 봉사활동을 통해 기대하는 것은 무엇인가요?

3. 그 봉사를 함께하기 위해 필요한 것은 무엇이 있을까요?

4. 언제 그 일을 하고 싶은가요?

5. 학생들과 함께 봉사활동을 한다면 어떤 기분이 들까요?

THE FIVE LOVE
LANGUAGES

───────────

『5가지 사랑의 언어』
Chapter 8 사랑의 언어 #5_ 스킨십을
먼저 읽으십시오.

사랑의 언어 # 5

스킨십

　스킨십은 신체 접촉을 통해 사랑을 표현하는 것이다. 상대방이 힘과 용기, 친밀함을 느낄 수 있도록 하는 적절한 신체 접촉이 스킨십이다. 스킨십은 정서적 안정감을 제공하는 강력한 사랑의 언어이다. 영유아기 아이들은 어린 시절 부모처럼 사랑하는 사람들로부터 받은 스킨십의 경험을 통해 애착관계가 형성된다. 특별히 스킨십은 애착관계에 굉장히 중요한 영향을 미친다. 완전한 애착이 형성되면 영유아기 이후 청소년기와 성인기의 대인관계에 큰 영향을 미친다. 따라서 일관성 있고 건강한 대인관계 형성을 위해 사랑을 제대로 많이 받는 것이 필요하다. 스킨십은 사람을 생존할 수 있게 도와주는 강력한 사랑의 언어이다.

　이러한 스킨십은 강력한 만큼 사랑하는 사이에서 또 적절하게 진행되어야 한다. 스킨십에 대한 잘못된 정보들과 왜곡된 시각들이 사회적 문제를 일으키고 있다. 최근에 일어나고 있는 다양한 환경적, 제도적 개선들이 일어나고 있지만 그럼에도 불구하고 여전히 피해자들은 고통받고 있고 인식의 변화는 더 많이 필요해졌다. 물론 그 과정 가운데 반대편의 입장에서는 너무 과한 규제 및 의견들이 많다고 이야기한다. 그 모든 의견들도 이해할 수 있다. 그러나 지금 우리는 변화하는 시대에서 올바른 가치관과 방향성을 세워가고 있다고 생각한다. 단순히 스킨십 동의의 문제를 넘어 서로에 대한 존중의 시각으로 성숙함이 우리 사회에는 필요하다.

다만, 앞서 사랑의 다른 언어들에서 이야기했듯 지혜로운 실천이 우리에게는 중요하다. 사랑하는 사람과의 적절한 스킨십, 그리고 교실과 삶의 현장에서 신뢰나 팀워크를 만들어주는 적절한 스킨십을 지혜롭고 적절하게 사용해야 한다. 온라인에서 굉장히 인기였던 "마음대로 고르는 아침인사"는 적절하고 지혜롭게 스킨십을 활용하는 것이 무엇인지를 제대로 보여주는 예시이다. 아침에 학생이 선생님과 인사하는 방법을 본인이 선택하는 것이다. 하이파이브, 악수, 목례, 허그 등 다양한 종류의 인사법 중 하나를 선택하고 그 과정에서 작은 스킨십을 통해 반가움과 사랑을 전하면 된다. 우리 교실에서도 이런 운동들과 함께 건강한 스킨십이 확산될 수 있을 것이다.

활동 Reflection

1. 나의 경험으로 봤을 때 스킨십은 교실에서 왜 필요할까요?
   나만의 이유를 적어주세요.

   _____

   _____

   _____

2. 나는 학생들에게 얼마나 자주 스킨십으로 사랑을 표현하나요?

       1   2   3   4   5   6   7   8   9   10

   왜 이 점수를 주셨나요? 이 점수를 선택하면서 느낀 점은 무엇이 있나요?

   _____

   _____

   _____

올바른 스킨십을 위한 5가지 원칙: TANGO

체크포인트

몸을 만진다는 것은 나를 만지는 것이다.
강력하게 사랑을 느낄 수 있는 언어 스킨십.

TANGO 하면 어떤 생각이 드는가? 탱고 춤을 추는 모습을 보고 있으면 열정과 아름다움을 느낄 수 있다. 스킨십도 마찬가지이다. 스킨십은 열정적이고 강력한 사랑의 언어이다. 다만, TANGO는 스탠더드 댄스 한 장르로 일정한 규칙과 원칙들이 있다. 모르고는 제대로 춤을 출 수 없다. 아름답고 열정적인 춤을 위해서는 제대로 배워야 한다. 건강한 스킨십을 통해 강력한 사랑을 주고받고 싶다면 제대로 알고 배워야 한다. TANGO의 앞 글자로 정리된 5가지 원칙을 배워서 반드시 머리와 가슴에 새겨 놓고 행동하는 것이 필요하다.

Touch is Language : 접촉은 언어다

첫 번째는 Touch is Language이다. 즉 신체적 접촉(스킨십)은 언어활동이라는 것이다. 터치는 수많은 메시지를 전달한다. 힘들 때 손이나 등을 두드리는 것은 위로를 표현하는 것이고 선생님이 학생의 머리를 쓰다듬어주는 것은 칭찬을 의미한다. 때로는 수많은 말보다 한 번의 스킨십이 더 많은 말을 할 때도 있다. 그리고 언어활동의 목적은 의사소통이고 더 잘 표현하기 위한 것임을 기억해야 한다. 좋은 의미만 가지고는 안 된다. 알맞은 형식과 내용으로 전달해야 한다.

After consent : 동의후에

두 번째로 스킨십은 After consent이다. 상대방의 동의 후에 이루어져야 한다는 것이다. 온라인에서 Blue Seat Studios에서 제작한 '동의'라는 제목의 동영상을 반드시 시청해볼 것을 추천한다. 스킨십의 핵심요소 중 하나인 동의에 대하여 명확하게 이해할 수 있을 것이다. 내용을 간략하게 정리하면 모든 스킨십은 동의를 먼저 구하고 이루어져야 한다는 것이다. 명확한 동의가 없는 스킨십은 모두 적절하지 못한 스킨십이라는 것이다. 그리고 그 동의라는 것은 명확하고, 현재의 Yes여야 한다는 것이다. 애매한 표현이나 과거의 동의는 제대로 된 동의가 아니다. 명확히 표현하고 이를 받아들여야 함을 기억하자.

No means No : 거절

세 번째로 'No means No'(노는 노다)를 반드시 기억해야 한다. 한국 사회에서 잘못된 신념은 튕긴다는 표현이다. 좋아도 거절하는 것을 겸손의 미덕으로 배워왔고 일정 부분 이것은 아름답게 포장돼 왔다. 그러나 스킨십 관련 부분에서는 절대로 안 될 말이다. 아닌 것은 아닌 것이다. 굳이 더 설득하려고 애쓰지 말고 아닌 것은 아닌 것으로 받아들이고 존중하는 것이 필요하다. 조금 더 명확하게 이야기하면 YES가 아닌 모든 것은 다 No로 받아들이는 것이 스킨십에서는 옳다. 즉 only Yes is Yes인 것이다.

General Knowledge : 상식

네 번째로 General Knowledge이다. 스킨십에 대하여 제대로 알지 못하고 배우지 못하는 경우가 많다. 특별히 성교육 관련 부분의 교육은 아직 많이 부족한 것이 현실이다. 그러나 가장 소중한 자기 자신의 신체에 대한 교육이고 서로에 대한 존중을 기본으로 해야 하는 성교육에 대하여 우리 모두는 일반적인 상식처럼 알아야 한다. 신호등의 초록불에 길을 건너가야 하는 것을 기본적 상식으로 알고 있듯이 스킨십과 성교육 관련 부분-남녀의 차이와 존중에 대하여 일반 상식처럼 지속적으로 어린 시절부터 가르치는 것이 필요하다.

Openness : 개방

마지막으로 Openness이다. 즉 열려 있고 개방되어야 한다. 스킨십은 부끄럽거나 어두운 곳에서 몰래 행해지는 것이 절대로 아니다. 스킨십은 존중과 동의 안에 적절하게 이루어질 때 아름다운 것이다. 그리고 스킨십 및 성교육 관련 이야기를 명확하고 개방되게 이야기할 필요가 있다. 궁극적인 목적은 열려 있는 대화를 통해 건강한 스킨십을 가르치고 배우는 것이다.

TANGO 춤처럼 아름다운 삶을 만들기 위해서는 스킨십이 언어라는 것을 인지하고, 동의 후에 명확한 메시지 전달을 주고받으며 열려 있고 상식적인 배움과 소통이 필요하다.

체크포인트

〈스킨십에서 꼭 알아야 할 5가지 요소〉

Touch is Language – 신체 접촉은 언어 활동이다.
After consent – 반드시 동의가 먼저다.
No means No – 거절하면 즉시 멈추라.
General Knowledge – 제대로 알아야 한다.
Openness – 개방된 대화와 학습이 필요하다.

 Reflection

1. 교실에서 경험했던 스킨십 중 가장 행복했던 스킨십은 무엇이었나요? 그 이유는 무엇인가요?

2. 내가 학생들과 함께했던 스킨십의 경험 중 가장 잘했다고 느껴졌던 것은 무엇인가요? 어떤 상황에서 전달되었고 상대방은 어떻게 반응했나요?

스킨십의 반대말 (스킨십 VS 부적절한 스킨십)

스킨십의 반대말은 부적절한 스킨십이다. 말 그대로 부적절한 스킨십은 적절하지 못한 모든 스킨십을 이야기한다.

"몸을 만진다는 것은 나를 만지는 것이다."

엘리자베스 그로츠의 말처럼 우리는 모두 알고 있다. 몸을 만진다는 것은 단순히 몸 이상의 정신적인 부분까지 함께 터치하는 것임을 우리는 많이 경험했다. 그래서 더 예민하고 명확하며 지혜롭게 알고 행동해야 한다. 부적절한 스킨십은 사랑받는다는 느낌이 아닌 혼란, 상처, 분노, 죄책감, 슬픔, 두려움을 준다. 부적절한 스킨십은 몸과 마음 모두에 상처를 준다는 것을 기억하자.

부적절한 스킨십을 방지하기 위해 먼저 필요한 것은 제대로 된 성교육이다. 부적절한 성적 지식이 결국 부적절한 스킨십을 만든다. 장난이었다는 핑계나 실수라는 핑계는 모두 허용되지 않는다. 심지어 처음이라는 것도 핑계가 되지 않는다. 모두 문제이다. 이 모든 문제를 방지하기 위해서는 제대로 된 교육이 필요하다. 존중에 기반한 열려 있는 성교육이 자주 이루어져야 한다. 1년에 한두 번 정도의 교육으로는 안 된다. 더 자주 더 명확하게 학교에서는 교육이 이루어져야 하고 가정에서도 교육할 수 있는 가이드가 만들어져야 한다.

그 다음은 부적절한 스킨십이나 성적인 범죄 이슈에 대한 반응과 처리이다. 가해자에 대한 명확한 처벌이 필요하다. 더불어 모든 문제는 가해자의 문제이지 피해자로부터 문제의 이슈를 찾아서는 안 된다. 혹여나 우리가 2차 가해자가 되어서는 안 된다. 피해자에게서 이유를 찾지 않아야 하며 실수나 처음이라는 이름으로 정당화할 수 없다는 것을 명확하게 인지하고 사회적 기준을 삼아야 한다.

마지막으로 적절하지 않은 스킨십은 단순한 터치 이상의 문제이다. 바로 Welcome하지 못한 모든 상황을 하지 않아야 한다. 언어적, 비언어적 성적 농담이나 반응들을 통해 지속적으로 welcome하지 못한 상황을 만들고 그 환경과 에너지로 결국 부적절한 스킨십을 만든다. 그리고 이러한 상황들로 인하여 결국 저항하지 못하는 피해자를 만들기도 한다.

활동 Reflection

1. 학교에서 부적절한 스킨십을 방지하기 위해 필요한 교사의 역할은 무엇일까요?

2. 우리 교실은 학생들을 위한 스킨십 관련 교육이 얼마나 진행되고 있나요?

3. 학생들이 반드시 알아야 하는 스킨십 관련 내용은 무엇이 있을까요?

스킨십을 경험할 수 있는 활동

우리가 일상에서 할 수 있는 소소한 스킨십은 무엇이 있을까?

교실의 건강한 스킨십 문화를 위해서 할 수 있는 활동

1) 내가 결정하는 선생님과의 인사, 즉 악수, 하이파이브, 피스트범프, 허그 등의 단어 혹은 이미지를 만든다.
2) 사전에 학생들에게 어떻게 할 것인지를 이야기한다.
3) 학생들이 터치하면 선택에 따른 아침 인사를 한다.
4) 어떤 선택이든 받아주고 왜 이런 활동을 하는지를 이야기해준다.

프리허그 이벤트

1) 강제가 아닌 자발적으로 미리 준비하고 시작한다.
2) 명확한 메시지나 목적을 가지고 해야 한다.
3) 반드시 안전한 환경에서 시행할 수 있도록 촬영 및 보호자를 동반한다.
4) 처음부터 어려운 메시지가 아닌 가벼운 메시지로 시작해볼 수 있도록 한다.

마치면서

    5가지 사랑의 언어 강의를 진행하고 교사를 위한 연수를 개발하며 가장 고민한 부분 중 하나는 어떻게 하면 당연한 것을 실천함으로 진짜 변화를 이끌 것인가에 대한 부분이었다. 위에서 배운 내용은 너무나 당연하고 상식적인 내용이다. 행복한 교실이 필요하고 행복한 교실을 위해 사랑을 알고 사랑을 하는 선생님이 필요함은 모든 선생님이 알고 있는 부분이라고 생각한다. 5가지 사랑의 언어 세부 내용 역시 그리 복잡하지 않다. 읽고 경험하면서 자연스럽게 고개가 끄덕여지는 명확히 이해되는 영역일 것이다. 언어의 정의, 모델, 반대말, 실습의 4단계를 거치며 자신의 삶과 교실에서의 경험이 결합된, 의미 있고 살아있는 배움이 될 수 있었을 것이라고 믿는다. 다만, 더 중요한 것은 5가지 사랑의 언어를 제대로 실천하려는 선생님의 애씀이다. 아는 것을 넘어 진짜 실천으로 행복한 교실을 꿈꾸는 선생님을 위한 마지막 메시지는 제대로 START하는 것의 중요성이다.

START

Step by Step : 작은 것부터 차근차근

첫째 Step by Step이다. 절대 한 번에 그리고 하루아침에 행복한 교실이 완성되지 않는다. 5가지 사랑의 언어를 한 번 실천하고 완전히 바뀌기를 바라지 않기를, 학생들의 마음이 열리지 않거나 변화가 없다고 포기하지 않기를 바란다. 사람의 습관이 바뀌는 것에도 3주 이상의 시간이 걸린다. 과거의 상처나 마음에 어려움이 있는 학생들은 더 오랜 시간이 걸릴 수 있다. 물론 아주 하지 않는 것보다는 훨씬 더 좋은 효과나 변화가 생길 수 있으나 조금 더 오랜 시간과 마음을 가지고 5가지 사랑의 언어를 실천해야 한다. 또한 세상을 바꾸거나 지역 전체를 바꾸려는 큰 계획으로 시작하는 것도 참 좋지만 내 주변의 작은 것부터 Step by Step 해결해 나가는 것이 필요하다.

Training : 학습과 훈련

둘째 5가지 사랑의 언어는 Training의 영역이다. 즉, 알고 끝나는 것이 아니라 삶에서 지속적으로 실천하여 근육을 키우듯 건강할 수 있도록 교육하는 것이 필요하다. "안다!"의 교육보다 "한다!"의 교육으로 구성하고 실천해야 한다. 다시 말하면 사랑의 언어를 아는 것이 아니라 사랑의 언어를 실천함으로 느끼고 경험하는 것이 필요한 것이다. 또한 문자적으로 배우는 것이 아닌 삶의 영역으로 연결시켜 지속적으로 실천하고 성장할 수 있는 좋은 Training이 필요하다.

Antonym : 반대말

세 번째로 필요한 것은 Antonym 즉 반대말이다. 5가지 언어 교육에서 가장 핵심의 교육 내용 중 하나는 반대말을 가르치는 것이다. 안 될지도 모른다거나 안 하는 것이 좋겠다가 아니라, 하면 안 된다는 명확한 메시지를 전달해주어야 한다.

- 인정하는 말 vs 폭언과 욕설
- 함께하는 시간 vs 따돌림
- 선물 vs 뇌물
- 봉사 vs 괴롭힘
- 스킨십 vs 부적절한 스킨십

이 5가지 요소들을 지속적으로 전달하고, 반대말들이 교실에서 사라질 수 있도록 지속적으로 교육하며 강조하는 것이 필요하다. 강력한 메시지와 교실의 규칙 그리고 훈육이 필요하다.

Role Model : 본보기

네 번째로 필요한 것은 Role Model이다. 학생들은 선생님의 말, 행동 그리고 태도를 통해 배운다. 학생들은 사랑을 제대로 표현하고 행복한 교실을 위해 사랑하려고 애쓰는 선생님의 모습을 보고 그 길을 따라갈 것이다. 선생님이 모델이 되어야 한다. 이를 위해 2가지 꼭 필요한 부분이 있다. 첫 번째는 5가지 사랑의 언어를 지속적으로 실천하고 행복한 교실을 위해 다양한 애씀을 보여주는 것이다. 그리고 또 한 가지 중요한 점은 스스로를 사랑하고 내가 나를 소중하게 여기는 것이다. 선생님 스스로 나를 사랑하고 사랑을 통해 변화되는 모습을 학생들에게 보여주는 것도 매우 중요하다.

　5가지 사랑의 언어를 강의하는 수많은 선생님과 강사님들의 공통적인 이야기는 본인들의 삶이 변하고 있다는 것이었다. 누군가에게 사랑의 중요성을 강조하면서 본인의 삶을 제대로 살지 않을 수 없고 그렇게 사랑을 실천하며 살아가다 보니 내가 나를 더 많이 사랑해야겠다는 생각이 들었다고 말한다. 자기 사랑뿐 아니라 행복한 교실을 위해 학생들과 주변 사람들을 사랑하는 모델이 되어주는 것 그것이 바로 선생님의 중요한 역할이다.

Together : 교육 공동체

　마지막으로 Together, 즉 함께 시작할 때 5가지 사랑의 언어는 더욱 풍성해질 수 있다. 사랑의 언어가 사람마다 다르듯이 선생님마다 특별하게 더 잘할 수 있는 영역들이 있다. 서로 다르게 뛰어난 것이 서로에게 큰 도움이 될 수 있다. 서로 고민하고 어려워하는 부분들을 나누다보면 위로와 해답을 찾을 수 있을 것이다. 또한 다양하고도 특별한 상황에서 개발된 '5가지 사랑의 언어'의 활동과 사례들이 실천되고 공유될 때 정말 학교가 변화되는 놀라운 경험을 하게 될 것이다. 특별히 5가지 사랑의 언어는 행복한 교실을 위해 고민하는 모든 선생님들이 반드시 알아야 하는 내용이다. 학교의 동료 교사들과 함께 5가지 사랑의 언어를 나누고 가르치며 배움으로써 함께 행복한 교실, 행복한 학교, 행복한 사회를 만들어가야 한다.

체크포인트

Step by Step – 작은 것부터 차근차근 실천하라.
Training – 사랑을 훈련시켜라.
Antonym – 반대말을 가르치라.
Role Model – 본보기로 사랑을 실천하라.
Together – 교육 공동체로 함께 성장하라.

 Reflection

Step By Step

1. 가장 먼저 5가지 사랑의 언어를 실천하고 싶은 대상은 누구인가요?

2. 내가 가장 자신 있고 가장 잘할 수 있는 실천은 무엇이 있을까요?

Training

3. 학생들에게 어떤 것을 Training시킬 것인가요? 왜 그렇게 결정하였나요?

4. 어떤 방식으로 Training시킬 것인가요?

Antonym

5. 내가 무심코 하고 있는 5가지 사랑의 언어의 반대말은 없나요?

6. 학생들에게 어떻게 반대말을 가르치고 그 말을 하지 않게 만들 것인가요?

Role Model

7. 나는 학생들에게 어떤 모습으로 기억되고 싶은가요?

8. 나는 어떻게 5가지 사랑의 언어를 실천하는 선생님의 모습으로 기억되기 원하나요?

Together

9. 5가지 사랑의 언어를 누구와 배우고 싶은가요?

10. 그들과 성장을 위해 함께 모여 어떤 이야기를 나누고 싶은가요?

5가지 사랑의 언어는 지금 이 시대를 살아가고 있는 우리 모두에게 반드시 필요한 내용이다. 알면 좋은 교양 같은 내용이 아닌 생존을 위해 반드시 알아야 하는 내용이다. 사람은 음식을 먹어야 살 수 있고 좋은 음식을 먹어야 건강하게 살 수 있다. 다만, 물리적이고 생리학적인 삶만으로는 살아있다고 말할 수 없다. 정서적인 안정감 즉, 사랑을 받아야 한다. 너무 바쁘게 살아가고 입시 위주의 교육과 변해가는 세상에서 우리는 우리의 존재를 잃고 살아가는 경우가 너무나 많다. 영혼이 상처받고 우울감과 함께 극단적인 선택을 하는 사람들도 점점 늘어나고 있다.

사랑만이 답이다.

그러나 왜곡된 사랑은 결국 더 사람을 상처받게 한다. 그것은 상한 음식이나 몸을 망치는 독을 먹는 것과 같다. 생존을 위해 우리는 제대로 사랑을 배워야 한다. 이를 위해 「5가지 사랑의 언어」를 출판하는 생명의 말씀사와 〈세상을 바꾸는 시간 15분〉, 그리고 폴앤마크가 함께 사람을 살리는 5가지 사랑의 언어를 교육하고 있다. 사랑의 언어를 접한 수많은 가정에 변화가 일어났다. 그리고 이제 여러분의 삶에서 진정한 변화가 일어날 차례이다. 제대로 사랑을 배우고 실천하며 살아가는 것이 우리의 행복한 삶과 행복한 교실을 위해 반드시 필요함을 기억하기 바란다.